ΑΊΛΟΥΡΟΣ

ХАНС ФАВЕРЕЙ

губы; крылья; идеи.

Составление,
перевод с нидерландского
и примечания

СВЕТЛАНЫ ЗАХАРОВОЙ

Ailuros Publishing
New York
2012

Hans Faverey
Lips; Wings; Ideas.
Translated by Svetlana Zakharova

Ailuros Publishing
New York
USA

Подписано в печать 17 декабря 2012 г.

В работе над переводами использовано следующее издание: Hans Faverey. Verzamelde gedichten. De Bezige Bij, Amsterdam, 2000.
В оформлении обложки использован офорт Геркулеса Сегерса «Входные ворота замка Бредероде».
Верстка, дизайн обложки: Елена Сунцова.

Прочитать и купить книги издательства «Айлурос» можно на его официальном сайте: www.elenasuntsova.com

Translations, compilation, and notes, copyright © 2012 by Svetlana Zakharova. All rights reserved.

ISBN 978-1-938781-05-6

uit het hoofd uitrekenen:
~~Reken uit het hoofd uit:~~
2 miljard mensen
voeren een oorlog in 123 dagen.

Hoeveel mensen zijn er nodig
om deze oorlog te voeren?

in een halve dag?

Анна Глазова

Стрела зависла в воздухе

Нидерландский — один из сравнительно маленьких языков Европы, и, как это всегда случается с маленькими языками, нидерландскоязычную литературу переводят не чаще на более распространенные языки, а, наоборот, реже. Неудивительно, что имя Ханса Фаверея почти совсем не знакомо русскому читателю. Две публикации подборок в журналах в переводе Светланы Захаровой — вот и весь русский Фаверей до этой книги. Англоязычным читателям поэзии повезло больше. Стихотворения Фаверея включены в антологии, из которых прежде всего нужно упомянуть сборник, составленный Элиотом Уайнбергером, World Beat: International Poetry Now, в котором они соседствуют с текстами таких авторов, как Октавио Пас, Энн Карсон, Роберт Крили, Геннадий Айги. Также несколько его стихотворений выбрал и перевел на английский Нобелевский лауреат Дж. М. Кутзее для своего сборника современной нидерландскоязычной поэзии, Landscape with Rowers. А несколько лет назад в издательстве New Directions вышел сольный сборник Фаверея, Against the Forgetting.

В предисловии к своим переводам на английский Фрэнсис Р. Джоунс, друживший с Фавереем, вспоминает, что поэт всегда чувствовал таившуюся за словами пустоту, а в последние годы жизни эта пустота стала наступать, угрожая совсем потеснить стихи. Этим страхом пустоты, но и сопротивлением ей стихи Фаверея напоминают о высказывании Пауля Целана о том, что язык поэта вынужден «пройти через ужасающее умолкание». То, что у Фаверея попадает в текст, устояло перед напором пустоты. Сражение с умолканием роднит его с поэтами, стихи которых с их стремлением зафиксировать неповторимое уводят вглубь и в темноту языка — с уже упомянутым Паулем Целаном, Джузеппе Унгаретти, Полем Валери.

Сам автор не пытался пояснить свои стихи; наоборот, он мало говорил как о них, так и о своей жизни. Он подчеркивал, что ему важно писать так, чтобы по его стихам нельзя было представить, как и чем он занимается в повседневной жизни. Если в них и есть автобиографический материал, то только на уровне мысли и способа высказывания, неотъемлемо индивидуальных. Его стихи непроницаемы с точки зрения психологии: почти никогда нельзя понять, какую эмоцию испытывает автор, несмотря на то что Фаверей был психологом и всю жизнь проработал по профессии в университете Лейдена. Невозможно в этих стихах найти и прочей конкретики. Родившийся в столице Суринама, городе Парамарибо, Фаверей не упоминает экзотических ландшафтов из своего детства, так же как не использует и топонимических примет Нидерландов, где прожил оставшуюся жизнь. Он пишет, не опираясь на факты языковой реальности, не входящей в реальность самих стихов. В этом смысле его язык похож на язык математических абстракций, и задачи он решает настолько же отдаленные от повседневных частностей. Отталкиваясь и уходя от поэтического авангардизма в нидерландской поэзии пятидесятых годов, Фаверей не столько экспериментирует с формой, сколько ставит своего рода мысленный эксперимент по выстраиванию стихотворения как теоретической мысли. Так, Дж. М. Кутзее, говоря о стихах Фаверея, подчеркивает, что они отражают «поэтический ум поколения».

За книгу «Хризантемы, гребцы», опубликованную в 1977 году, Фаверей получил поэтическую премию Яна Камперта, и с этого момента его способ говорить и думать стал привлекать к себе растущее внимание читателей. Он редко давал интервью, но однажды в ответ на вопрос, в чем он видит задачу своих стихов, Фаверей сказал, что хочет остановить ход распада, опровергнуть движение, остановить время (цитирую по словам Ф. Р. Джоунса. — *А. Г.*). Неудивительно, что в его стихах нередко упоминается парадокс Зенона, согласно которому Ахилл не сможет догнать черепаху, ведь к тому времени, когда Ахилл доберется до места, где была черепаха, она уже успеет немного уползти вперед, и так далее. Парадокс Зенона основывается на том, что время в нем способно растягиваться до бесконечности вместе с пространством — именно так, как Фаверею хотелось бы замедлить его ход своими стихами. И хотя мы знаем, что бегун наверняка обгонит черепаху, мы, зная о квантовом устройстве вселенной и релятивности пространства и времени, можем если не представить себе, то в каком-то абстрактном смысле вообразить таких «ахилла» и «черепаху», фатальное сближение которых никогда не придет к концу, а будет бесконечно замедлять течение времени. Фаверей пишет:

> Не прекращать движения;
> оставаться движению верным,
> если оно не существует:
> двигаться, движение.
>
> Стрела зависла в воздухе.
> Лодка лежит на берегу;
> паук никак не высосет
> свою муху. Между смертью
> и жизнью не проскочит
> даже блоха.

(стр. 72)

Здесь движение мысли как раз пытается проникнуть в суть зеноновского парадокса. Если продолжать движение бесконечно, будет ли оно все еще движением? Говорить о движении зависшей в воздухе стрелы имеет смысл только до тех пор, пока мы помним, что стрела вылетает в сторону цели. Иначе мы бы не могли говорить о стреле, само это слово лишилось бы смысла, не будь у нас представления о движении. Фаверей же предлагает читателю мысленный эксперимент, когда прилагает интуитивное понимание природы движения к совершенно не интуитивному, парадоксальному знанию о смерти и смертности. Предел между жизнью и смертью непреодолим для логического мышления просто потому, что мы никогда не сможем сказать «я умер», «к тому времени я был мертв», «это случилось за минуту до моей смерти». Сама парадоксальность человеческого знания о смерти вписана в эти строки, но не назидательно и не трагично, а с сухим, беккетовским юмором: «между смертью / и жизнью / не проскочит даже блоха». Даже блоха, не только черепаха. И дальше, в стихотворении из цикла «Черепаха»: «черепахе / нечего терять кроме некоего / призрака скорости» (стр. 80). Призрак — это единственное, что остается после жизни, ее тень, и именно с такими тенями имеет дело Фаверей, с тем не утраченным еще остатком жизни, который только и появляется после утраты. В его стихах не найти истории жизни или рассказов о событиях; это следы, оставленные живой мыслью. Поэтому стихотворение всегда балансирует на грани между памятью и забвением: «Забыл вот я // что должен был здесь сделать. / Поэтому и останусь здесь. […] получилось: мир замер» (стр. 83); «Воспоминания / это не воспоминания. // Воспоминание это восприятие» (стр. 91).

*

Переводы Светланы Захаровой точно следуют и авторской грамматике, и пунктуации. Стихи Фаверея скульптурны, расположение знаков препинания, переносов строк не столько служит организации смысла, сколько само участвует в его конструировании, поэтому в задачу переводчика здесь входит поиск соответствий между синтаксисом оригинала и возможностями языка перевода. В переводе Захаровой логика и экономика языка Фаверея дает пример поэтического высказывания, которому, возможно, удастся указать новое направление движения и для тех, кто сегодня пишет по-русски.

РЯД ДЛЯ ТОНКОЙ ДЕВОЧКИ I

Разве нам не пора уходить?

Все уже залито светом.
Все здесь зовется иначе
и пахнет почти ничем.

Или нам нужно здесь остаться.

Тогда нужно чтобы хотелось остаться.

Расстояние. Что делает расстояние;

как действует расстояние. Может ли
оно извести человека
а потом опять завести?

Или дело в самом принципе,

если речь о принципе.

С какой стороны приближается?

С той же стороны. Верна ли остальная информация?
Насколько можно проследить.

Что ты собираешься сделать?

Что если ты соберешься сделать.

Уже конец? Нет. Почти

конец? Нет. Что там
еще есть в этом
нет: — соль тоже?

Слышишь меня: соль тоже?

Да. Тоже соль? Соль.

Или нам нужно здесь остаться;

нужно чтобы мне хотелось остаться.
Если задрать верхнюю губу,
зубам становится холодно.

Когда губы исчезают,

зубам становится еще холодней.

утром 3, вечером 4;

договорились?). Расставание
с рядом форм; что там застряло
в тебе, ты точно не знаешь.

Круглый череп, угловатые ступни.

Твоему солнцу недолго осталось светить.

Старый дождь; новый дождь.

Prendre la balle au bond[a]
or miss it[b]. Мех, из подмышки
лисы; украсть часы,

и заткнуть себе уши.

Как об стенку горохом.

---

[a] Поймать мяч в прыжке (фр.).
[b] Или упустить (анг.).

(Ты слышишь меня?).

Не спеша повторяй за мной: ты слышишь меня? Слова, обвалянные в таком порошке: становятся ли

они стеклом? Ну и расстояние.

За мной не спеша повторяй: ты слы-

ПРИСТЕГНУВ РЕМНИ

В ботфортах?

В ботфортах.
Железный герцог?

Железный герцог.

А ветер попутный?
И герцог что-то
кричит, громко?

Да. Ветер попутный,
и железный герцог
в ботфортах

что-то прорычал.

Октябрь; конец месяца.

Оса, сонная оса:

еще в полоску. Кажется
прилетела
обыскать комнату.

Я могу вам чем-то помочь,

госпожа оса?
господин оса?

To ride a horse:

to find a horse[a] (стр.8).
Источник я не упоминаю.

Потом я найду источник.

Тогда вдруг подул ветер; до

сих пор кстати дует. To ride an ox: to find a horse[b].
(На стр.9).

---

[a] Скакать на коне: \ найти коня (анг.)
[b] Скакать на \ быке; найти коня (анг.)

Не замечая; и уже красноглазо.

Представляя себе сердолик,
или рубин; с глазами налитыми
кровью, в то время как

в гоби уже штиль.

Мой камень, откуда
кровавый след вьется
как росчерк мелком; море
куда ни одна дыра не провалится.

Надеть лыжные очки; капюшон;

затянуть ремни на запястьях.
Машина дрожит: ты еще

кто-то. Машина поднимается:
ты никого не знаешь.
Машина нападает:
ты еще здесь.

Ты еще здесь?

Не бойся:
палач с тобой.

Но к чему тешить себя
отблеском очередной
иллюзии, зачем лежать
под деревом

которое не отбрасывает тени. Разве
просит слепой повязку на глаза,

просит ли море соли?

От всего сердца кедр обнимает огонь;
дрожа павлин расправляет хвост;
но роза в твоих волосах не вернется
к стеблю; и сыновья ветра
смеются над невестой из песка.

ЛИЧНЫЕ ФОРМЫ ГЛАГОЛА

На скорбную память:
сказать как есть.

Во время любовной игры.

Начнется ли сегодня,

или сегодня начнется
Или это сегодня.
Быстрей! говорит голос, быстрей!

Спешка во время
любовной игры. Сегодня

начинаю я, я говорю: я

жив. Сегодня остается?

Я: мне предложили.
И ты купился! крикнул ты.
Это правда; он крикнул.

Она крикнула; она жива.
Так наступает сегодня.

Другие тоже не

мертвы. Ты жив? это

нечто вроде сделки.
Сегодня начинаю я, говорит он.
С подтверждением свыше.

Или у кого-то есть пруд,
заросший вокруг травой. Одна и

та же ложь что в этом

крике, что в этой

траве. Когда шел дождь,
в пруду было много воды.
Когда дождь не шел

было мало воды в пруду.
Сегодня начинаю я,

она говорит. И она купилась!

крикнула она. Взаимопонимание,

утонченное до костей,
и эта кость изрешечена насквозь.
Он: это просто ряска.

Скорбная память; любовная игра.
Я перемещаю свой север

на юго-восток.

Я называю это «увлечением».

Берег уже недалеко.
Все же дальше, чем ты думаешь,
назови, я снова найду тебя.

Сказать себе что будет.
Крапиву помножить на ряску,

помножить на морозную пену (Во

время). Как это было

давно; что ты сделала;
как это звучит. Правда —
я крикнул. И я купился!

А разве им не предлагали?
кричали вокруг. Позже;

может быть позже. (Когда).

Часто, глядя в небо,

я больше не вижу там
ни одной дыры. Потом он исчезает,
или тебя стерли в порошок, или

оно испаряется. Все нормально,
это жизнь. Времена: в

те; любовная игра: на. Скор-

бная память (в). Так

сказать. Она говорит: се-
годня жизнь. Я называю
это прощанием; я жив.

Это сегодня; они говорят
как есть. Еще живет.

Он\она\оно: у них был

пруд. И они купились!

крикнули они. Изрешечено,
все изрешечено. Даже
дождь изрешечен; все

(ах). Зачастую: такой слав-
ный вид; чаще: в знакомых

окрестностях. Стальной порошок;

с удовольствием выводит свежую розу,

если подвигнуть к тому, Для
тебя; через ту же стальную
смерть что сделала нас такими.

Ускользает из рук;
становится меньше и меньше.

Сегодня еще спешит,

и меньше и меньше становится.

Он еще поглаживает ее спинной плавник,
который все уменьшается; ты
тоже это чувствуешь, но молчишь.

Горит? кровит?
Значит тоже сегодня.

Разве он меньше умрет,

скажи я: он живет еще;

ведь он говорит: ничего не получится?
Или: он еще лжет, потому что уже
ничего? Что она живет, значит я лгу?

изрешечено. Та же ложь,
купленная правдой;

и оплаченная сомнениями.

«Только бы это была правда, только

бы это была неправда». Звонкие
монеты капают в пруд;
я скоро вернусь; я промолчу.

Нужно сказать что будет,
пока оно есть. Сейчас по меньшей
мере пенится: яснее ясного

мерзлая кровь. Быть может

я не знал —. Что сделал

я; и чего не сделал.

Я сидел в своем пруду, я
наблюдал, и я купился.

Быть способным забыть: чтобы.
Оно: он живет; она живет.
Я тоже чувствую, но

молчу. Я видел.

Сомнительный свет

причесывает пруд. Лягушки

вприпрыжку убегают, спеша.
Огня! шипит голос; огня.

Тот же чертополох, тот же якорь,
те же формы, те же дети.
Конец! кричат они, игре

конец. Такая же ложь как

я сочиняю сам: слова ведь

на самом деле не трогают.

Вы тоже не сидели смирно;
они тоже не остались мертвы.

Спешка во время прощания.
Была ли память пред-
удовольствием. Чем позже

тем раньше становится;

«…у них был пруд, который

был прорубью». (Конец). Услышь меня:

ему предложили. Услышь
его: мне предложили.

Больше не было; или больше
уже нет. Позже; может
быть, позже. Еще мечтает,

чтобы выросла уже трава.

Она часто смотрит в небо.

И небо подкашивает ее.

Она называет это «увлечением».
Все нормально; это жизнь.

Стать как есть, когда настанет.
И то же умиленное умирание
сделавшее нас такими

зовется теперь любовной игрой.

Быстрей! шипит голос; воздух —.

Она молчит: опустев. Он

молчит: опустев. Я потею:
сегодня осталось здесь. (Конец).

МЫС ЛАВЫ

Вид на мыс Лавы;

возвращение вампира;
медлительнейшие ложные маневры;

привкус металла.

Где когда-то поле кактусов:

см. брошюру; где пока еще
ничего: см. брошюру. Эти двое
и так были похожи на стюарда
с подружкой.

«Yes-yes (смеясь) view from

Cape Lava»[а]. С такими маневрами

насквозь лживыми.
(Смеясь). Как будто скоро
настанет. Yes-yes. Истекает кровью?

(Смеясь): — см. брошюру.

[а] Да-да (смеясь) вид с \ Мыса Лавы (анг.)

Думай то в чем уверен.

Скажи: она расчесывает волосы.

Повтори: расчесывает волосы
она. Приделай к этому
зеркало. Пусть все будет привычней

чем в жизни: первый
снег; первый камыш. Как
она вдруг откидывает голову
назад или наклоняет
вперед. Скажи ей чтобы расчесала

волосы; чтобы откинулась назад или
наклонилась вперед. Пока снег
идет или камыш цветет;

волчеягодник себя очерняет;

и она расчесывает волосы.

Напролом! вот они.

Кихот впереди\Панса сзади;
Панса впереди\Кихот сзади.

(Как будто) — Пока с вплетенной в косу

модной лентой Кора, восьмилетняя

уличная матрона. «…думаешь я хочу чтобы ты выслушал меня» цитата? «а то сейчас вылетишь отсюда». Как будто сад; как будто конь; как будто я —.

«У некоторых из семейства кактусовых

даже есть крылья, которыми они никогда

не пользуются»: ци—. Ну! что ты
делаешь! — Неизвестно,
прерывисто; подмерзает. Кора,
(Как будто —) где же Кора? (Frosting[a];
gelé blanc[b]). 1 впереди\1 сзади.

Узнает ли их Кора?

Напролом —. И нет их.

---

[a] Морозный узор (анг.)
[b] Замерзшая белизна (фр.)

Пеликан на
севере: сигнал. По-
пискивающие семейства кристаллов:

сигнал. Шипящий лебедь:
(давай) — сигнал. Со взмахом плетки
или крыла: как будто

образуется свет в пемзе,
в волчьей смерти. Нет, море так не
шумит. Нет; ни одно море так

не может шуметь. Давай — (Смеясь: как она

расчесывала волосы): он ждет. Шуршит ли

бумага попранная мной? слышишь ли

ты то что говоришь? Давай,
любимая. Не мелочись:
пора. «Лодка скользит
вдоль берега». Давай: он ждет.
Ничего личного: он и вправду

ворчливый перевозчик. У тебя есть
с собой деньги? у меня есть с собой деньги?

(Давай). Там ждут; нас ждут.

Давай, милая, допивай — до дна.

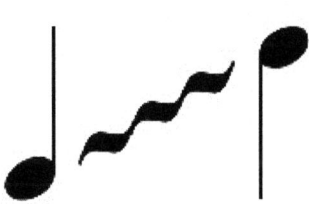

Люблю
значит погибаю.

Выстрел горького чаю
стер меня.

Меня расчленяет
на фальшивые струны
и настоящий снег.

Где я живу
я вытекаю;

куда испаряюсь:
в воспоминания
о чертополохе.

Мое имя:
белые гнезда
твердые зерна пустоты.

Мой голос:
яблоки изо льда.

HOMMAGE Á HERCULES SEGHERS[a]

---

[a] Отдавая почтение Геркулесу Сегерсу (фр.). Геркулес Сегерс (ок.1589 — ок.1638) — нидерландский живописец и блестящий гравер, новатор жанра.

Стоя на скале,
с которой
начинается гора,

и которая тем не менее
на моих глазах
бросается в море,

я порой так
мог возжелать
этого внутреннего моря,
что чуть было сам
себя не отвергал.

Пока оно проплывало
как цеппелин
или отвязавшийся

аэростат заграждения,
мне пришлось чихнуть,

прежде чем отказаться от
всех тех кристаллов
которых я люблю столь
же ожесточенно
как себя.

Положа руку на сердце

опустошать голову.
Забить себе голову
чтобы опустошить сердце.
А тем временем даль зовущая

такая какой даль и
должна быть: зовущей.

Чтобы я хоть

ненадолго мог обогнать
того кем буду
прежде чем стану зимой
и меня погасят.

Ничто не исчезает так быстро
как парящая бабочка
незадолго до взрыва.

С таким же хлопком
как ее разрывает на части,
она восстанавливает равновесие.

Бабочка за бабочку;
текст за текст;
смерть за смерть;

с хлопком или без;
кружась или
нет.

На службе колесу.

Только если колесо хорошо
разгонится, у меня появится
реальный шанс на
свободу.

Но чур больше никогда не
убегать, говорит правдивая обезьяна
то ли ободряя, то ли с укором,

прежде чем посвятить себя
службе колесу.

Когда приходит время,
время наполняет себя,
переполняется собой;

тогда время превращается в шар
и медленно,
почти незаметно,
продавливает себя

сквозь себя проталкивает;
и камень камень целует
и воду вода
выпивает

до дна:
О отсутствие —
от всей души.

Губы; крылья; идеи.
Губы: чтобы было что
прикусить, было где

остаться. Крылья: в Ис-
ландии не встречаются
живущие на воле совы,

да и вообще совы. Идеи:
Безгубый, его черепаха;
химеры, дым; я.

Идеи; каждая прикована к
своему же камню:
в наказание; безгубо.

Такое дерево как лиственница
это сперва сосна из Do-
nauschule[a], прежде чем оно
вспоминает себя лиственницей
и остается само собой.

Так мало еще
в моем стихе того

что проявлялось бы

во вставшем на дыбы коне,
в трех книгах,
в черепе
и нескольких других
гравюрах его пера.

---

[a] Дунайская школа живописи — направление в живописи и графике Южной Германии и Австрии первой половины XVI века.

Я сижу в своем круге
представляя бесконечное
количество многоугольников:

я уже вижу как это будет.
Лодка, вытянутая

на берег, уже не
моя; уже не должна
быть моей. Я чуть ли не
там где должен быть:
даже если это я сам

сижу на берегу, или
лучше: на берегу лежу,

под ушастой, белой или
остролистой ивой, на которой
давно так нанизаны
арфы; висельники.

Дым из трубы,
шорох в трубе,
твои следы, себя
преследующие в песке.

Руины на берегу Евфрата,
или чего-то еще. Колонны
в Пальмире, или где-то еще.

Не прекращать движения;
оставаться движению верным,
если оно не существует:
двигаться, движение.

Стрела зависла в воздухе.
Лодка лежит на берегу;
паук никак не высосет
свою муху. Между смертью
и жизнью не проскочит
даже блоха.

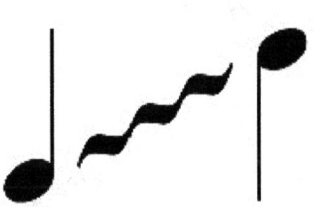

Сперва сообщение
убивает получателя,
потом — отправителя.
Неважно
на каком языке.

Я встаю, распахиваю
балконную дверь
и вздыхаю.

Чаек кружащихся
над бесснежной улицей
я не стану приманивать
делая вид что бросаю хлеб.

Я прикуриваю сигарету;
возвращаюсь на свой пост,
и вздыхаю.

Не о чем спать.
Все возможно.
Мало что важно.

ЧЕРЕПАХА

Из такого рода значений,

признаний можно ждать
того малого
что остается

когда стакан
опустел,

акцент сместился,

слова нашли себе место,
и мир спрятался в свою
нору, в молчание, в небытие.

Третий звонок;

я знаю оно там:
такое, каким само по себе

стало. Не мой сон,
не мой день;
не мои слова.

Вот оно:

разглядывает себя, крутясь
вокруг своей оси, безостановочно.
Так погружено в эту игру
что забылось в себе

посвистывая, жужжа, слепень
которого я должен убить

прежде чем он ужалит меня.

Вода, губы;
момент. Из одного глаза
уже текут слезы;

другой еще плачет.

Бросить ли рыб в кровельный
желоб, или лучше остаться
слепым. Слушая сам
себя

я прихожу к непониманию.

Проходя у подножья скалы

я исчезаю. Ужаленное
я; опустившееся до
обезьяны. В надежде
никогда и не быть.

Черепаха:

что делает черепаха;
и почему черепаха делает
это именно так. Чтобы не быть ни зайцем
ни ежом, смеется дятел;

даже не мечтая
о саранче
осаждающей Трою.

В роли зайца черепахе
нечего терять кроме некоего
призрака скорости, над которым
черепаха смеется так, что бесцельно
уже упавшая стрела

настигает ее.

Киприянка:

где же она теперь. Едва
не задохнувшись
я выплываю на свет;

ныряю в сторону от осы.

Скорпион на стене
у кровати, вот он должен умереть:
наверняка. Тот кто включает
и выключает свет: смертен;
тоже наверняка. Но

тише Озера

никто не умел говорить;
и вот так поднимать бровь.
Для Вероники Лейк[a];
если она еще здесь.
Только что увидев ее

в синхронном переводе.

---

[a] Англ. Veronica Lake (1922 — 1973) — американская актриса. Псевдоним Lake в переводе означает «озеро».

Горы на которые я смотрю
не ведут себя так
как я не хочу,

если только не хотят того сами.

Человек поднимается

в гору; в то же время другой
человек, стоя в лодке,
будто опирается на весла.

Так есть некий способ видеть
подобно коту, приникнув к земле,

переступая задними лапами, верша
то что хочет быть сделанным:
прыжок; певчий дрозд, черный дрозд;
томление; еще совсем свежая

память о воробье, о мыши.

Забыл вот я

что должен был здесь сделать.
Потому и останусь здесь.
Из всего того

что может быть сделано,
и что еще свершится само,
хорошо бы время от времени
хоть что-то получалось:

такая застывшая из зеленого тюля

стрекоза; рыба которая пятится
назад. Циркачка, которой пришлось
спрыгнуть с шара и опять на него
забраться — Получилось:

вот она стоит: раскрыв объятья,
с тонкими ножками. Я перевожу дух;

получилось: мир замер.

Каждый раз приближаясь

здесь оно уже было;
должно было здесь побывать.

Как оно повеяло.
И я говорю: ложись.
И оно не ложится.

Как вдруг повеяло страхом.

Я кричу: ложись; а ему все
равно. Если это оно, значит оно:
настолько насколько продлится. И камень
который я хотел бросить становится камнем

который я оставил себе:
оставшимся со мной камнем. Ах,
ласкать чтобы быть обласканным;
быть обласканным чтобы
ласкать самому. Вот так быть:
и попустить;

себя отпустить.

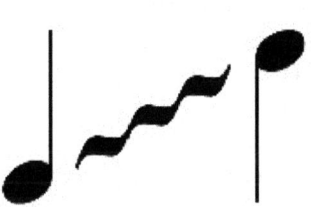

Как женщина порой
отдается, или не отдается,

по расчету, по любви;
кленовый лист уже давно
готовый упасть, или еще не
отпустивший ветку;

капли воды на моих губах
их река еще задумчивая,
ее течение — но уже не
море облаков, так пойманных
в собственный круг, так заключенных.

ИЗГНАНИЕ

«Ты превращаешь меня в то чем я никогда не была».

Ей пришлось нагнуться тогда

чтобы что-то поднять; я смотрел
на позвонки,
и коснулся легонько

ее спины.

Она вздрогнула; повернулась,
выпрямилась;
сказала смеясь пока

и ушла.

Лечь на левый бок;

повернуться на правый.

Никак не забыть это
лицо: все с большим трудом

вспоминая, видеть

опять. Глаза на нем;
скулы,
нос, ее рот

которого я никогда не знал.

И что тебя никогда не было.

Вдруг я рухнул;
и спрятал лицо.

Зима давно мертва.

Черные стрижи вернулись.

Разве я любил тебя всегда;
или ~~ее не~~ было никогда.
Воспоминания
это не воспоминания.

Воспоминание это восприятие.

И где она сейчас, ну,

я не знаю. Как раз когда

она думает обо мне, случайно, я
может быть, не
думаю о ней. Вот так всегда,

вроде бы нет ничего, но

что-то есть. Пренебрегая движением
я даже здесь

не могу выжить, не сейчас.

Как только взглянет на себя

уже ничего другого нет.
Неделимо,
не рассчитал.

А побудь-ка в моей шкуре:
тогда я увижу твое лицо.

В середине дня;
прошел дождь;
твои глаза блестят;

муравей ищет сахар.

В голове просветлело;
я думаю что сижу в голове;

я снова могу видеть
другие острова. И море
видимо успокоилось.

Так я повторяюсь:

ничем овладевшее отчаяние.

Мирт опять зацвел.
Свежей веткой лавра
мне удается отогнать
от себя большую часть мух.

Она наклоняется

чтобы что-то поднять:
ведь она что-то уронила.

Чтобы увидеть как она наклоняется

я позволил ей что-то уронить.
Прежде чем она выйдет из комнаты
и захлопнет меня за собой,

я заставил ее сделать это еще раз.

И вот так хорошо: довольно.
Наконец: уходи.

Береги себя.

Где тогда неподвижно
стоял абрикос,
теперь замерев стою я.

Между гладиолусами
должно быть место где
она стояла тогда: она
бросила мне абрикос
лови — тогда. Теперь,

пока воспоминание играет
с собой в кошки-мышки, мы
в кукурузном поле опять
почти одновременно от-

кусываем: она от своего
абрикоса, я от своего абрикоса;

пока лисята еще крадутся
через виноградник, и море,
шепча: она не со мной;
нет, здесь ты ее не найдешь;
во мне ее нет.

SUR PLACE[a]

---

[a] На месте, не двигаясь (фр.)

Снег идет

но снег уже не идет.
Когда снег пошел
я подошел к окну;

я водил себя за нос.

Примерно в то время,

как раз перед тем как снег
опять пошел, все медленней,
большими хлопьями,
должно быть снег

перестал идти.

Вот мое наказанье:

как меня нигде нет.
Волна пронырнувшая в меня
наполнила меня с головой
и я ничего не вижу.

Куда бы я ни пошел где бы ни стоял

ничего не прибудет,

ничего не убавится. Порой
скрипнет доска в полах;
или кирпича в стене, о-
кружающей виноградник,
коснется лоза.

Когда ничего нет
когда уже не за чем
когда уже нечем,

оно само собой прекращается.
Пальцы покидают руку

и руку отпускают. Ноги
свободны — каждая своей
дорогой идет и прахом. То что

остается лежать, слово за словом
отменяется. Только ветер

еще веет, пока и он
не иссякнет,
куда захочет.

Чистый как мрак —
там хранится то
что должно быть забыто,

стоит багровая
цапля

и ждет. Терсита
избили жезлом;
Филоктет хромая обходит
свой остров. А Сапфо — сама ли
бросилась в море; или
столкнула себя со скалы.

Нет другого выхода

кроме этого: то же отчуждение
вечно, нéкогда, еще до того
как закрылась ракушка.

Я существую, значит я лгу.

Когда существую, я посвящаю
себя тому что прячется
потому что я заговорил.

То там, то здесь,

на том или другом берегу,
морские или речные головастики,

я наклоняюсь, собираю камни
и бросаю их в воду, один
за другим: просто ради
всплеска — ради родного

соучаствующего меня.

Места, куда уже не ступает
нога человека:
разве не любит их луна?

Изида, Селена —

Вот когда я думаю о ней,
и чувствую как моего лица касаются
осенние нити; старея пока не
постарею и я; и ключевой мох
по бокам

обрастает лежачего;

когда я произношу ее имя,
и я поспешив ступаю сюда,
застыдившись.

Сперва

я еще не вижу смысла
в предложении впитывающем меня.
Какое предложение впитывает
меня. «Судя по стулу

который стоит возле пианино

многого не требуется». Стул
повернут к пианино спинкой,
а через спинку перекинуто мое

зимнее пальто. Судя по лицу

в зеркале заднего вида,
едва не единственное предложение
отражается в смысле который
впитывает меня: пальто, пианино,

зеркало, и все.

Самая красивая из птиц

что я знаю — зимородок.
Вообще я предпочитаю не
делать ничего, безотчетно

или невольно. Как только
я подумал об этом

я отклонился к источнику;

в поисках спичек истлела
сигарета. И сцифомедуза бывает
красива, двигаясь в такт
моему дыханию; или обруч

перед тем как упасть, или уже упав.

Во сне мы касаемся того
что пробудившись изменяется так
как во сне и не снилось.

Забвение не знает времени.

Вода не должна бы знать времени;
круг тоже не знает времени;
я не хочу знать времени.

Так и Магомет покидает

все тот же шатер: заодно
с тенью которая превращается
в павлина шагающего
к горе; медля, едва не
мешкая — Как

гора смотрит на море

сквозь всю печаль,
чтобы увидеть свою погибель
пока не завечерело,

и ей все равно.

Река

у которой я остановился, сперва
отклоняется на восток,
чтобы потом течь к морю,
на запад.

Какие-то движения, позы

выбирают мое тело,
испытывают мое тело;
допрашивают мое тело
и лезут ему в душу.

И, пока дорога растворяется,

колеблясь, во всех этих
тенях кормящих ее,
вода осторожно касается
моих губ — и я принимаюсь
пить.

СЕТЬ

Падок в свою же сеть:
где мой спрут, лис
среди морских тварей.

Уединившись в своем лабиринте
думает лис, восхищенный
травлей; систему когда-то
сравнил с восьмиручием.

Охотник их убивающий

подвижней, цветастей,
изменчивей змеиной
спины на которой
отлеживается свет.

Ах, обманули Гомера
мальчики по дороге
с рыбалки, вот уж
и правда слепой.

Так и кальмар не помог

в ночь когда он
привык исчезать.

Благодаря смекалке и скорости
с которой он проглотил первую жену
Зевс все же остался тем
кем исстари должен был стать.

Рыба бьющаяся на крючке
ведет себя как моя муза
когда наступает время.

Все возникает во влаге,
даже жизненное тепло. И
мертвая природа одушевлена.
Доказательство: магнит,

янтарь. Поэтому семя
всегда несет
в себе влагу.

Фортуна переменчива: солнечное
затмение. Глядя на звезды
не увидеть, что у тебя под
ногами. Пифагор

запрещал мне есть бобы.

Или я получал затрещину
если смел задремать: пойман,

падок в свою же сеть. Я
это сам и есть: охотник
который гонится за мной
чтобы со мной совпасть.

Та же сеть, вывешенная на просушку,
выкрашенная заново. За горизонтом
скрывается новый горизонт
за которым висит такая же

рыболовная сеть будто так и надо.

Что же еще остается
делать. Нужно стряхнуть
себя с себя. Чтобы опять
овладеть этой сетью как должно.

Ангел склоняется ниже и ниже

над парапетом, пока от
возбуждения не начинает
покалывать в крыльях. Может,

все-таки рухнуть вниз и
дать им возможность понять
на что он годится как ангел?
Ниже и ниже: покалывание,

томление в маховых
перьях; мольбы
повторяя, мольбы забывая;

безумие, или суть, или за
границей обоих. Но почему же
тогда не поет он, этот твой ангел,
превратившийся уже в синюю тень
того что когда-то было балюстрадой?

ПРУД В ОЗЕРЕ

А. Т. Фаверою[a] (1903 — 1981)

---

[a] Антониус Томас Фаверей, отец поэта, одаренный гитарист.

Пруд лежит в середине озера
и манит. Если сидя в комнате
я хочу услышать листья,
то думаю о тополях,
разве принадлежат тополя

тому месту где стоят.

Разве я когда-нибудь мысленно слышал
как падает лист каштана.
Разве я потянувшись за ним когда-нибудь
падал в пруд.

Каштан ест с моей ладони;
я сижу лицом к стене
из которой истекаю кровью.
Как только я шевельну плавником
мне придется признаться в том

что я рыба. Я машу

крыльями пока они не высохнут,
не испарятся. Надвигается то
чего я страшился: начинаю фальшивить.
Слишком малое я отринул.

В пальмовой косточке сидит рыба,
а не я. Если со всем что есть во мне
я побегу обратно
к озеру, то забуду
кого и что нужно убить;

убить в себе:

первая жертва сперва или сперва
вторая жертва. Указывая на себя
самого я теряю то
что хотел бы лелеять.

Исходя из того чего уже нет
я пытаюсь грести обратно;
не хочу наглядеться — пока —
на твой рот который без твоего лица
ни на что не годится.

В середине озера

лежит пруд, держа ухо
востро. Так как я был
там откуда они пришли,
эти колибри хозяйничают
у меня в голове.

Вот я зарождаюсь снова и с давних времен.
Потрясающе черный лед, кричу я,
на таком можно и покататься. И все же
тот самый образ уже не был
началом. И даже теперь,

стоит тебе захотеть,

можно потрясти головой
и стены названного
обрушатся и открытое поле,
языкового мимо, из-

режут так, что не останется
ничего о чем ты мечтал.
А ты хорош: чуть ли не из тебя воз-
никнув я стал таким.
Я в середине своего пруда

и перехожу вброд реку
лишающую меня слов.

Некоторые формы можно перейти вброд;
другие — нет, или не до конца.
Фунт свинца весит как
фунт перьев. Обычно не помогает

когда печаль, как предусмотрено,
сходит на нет. У него дома возле дома
сидит Паук: Сын пришел его навестить:
они больше никогда не увидятся.
«Ты будешь часто вспоминать эту страну»

говорит он с нажимом,
отсрочивая смерть

«ты ее никогда не забудешь.»
Та же маленькая впадина исчезает
как только я разжимаю кулак:
когда-то и меня не было на свете.

В один из тех ранних вечеров

которые так исполнены собой,
он скончался. Страстное желание
которое до сих пор узнавало себя
в нем, угасло. Та что была рядом
разрушила покров

тайны с помощью строк

которые я вынужден здесь умолчать.

«Чтó ты сказала?» спросил он, будто
настаивая на повторе. И она
повторила сообщение, которое он
принял и тут же умер.

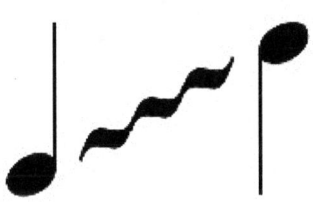

Стыдна ли кровь;
ленивы ли совы.

Бесстыдно всходит солнце,
бледнеет луна; солнце
заходит — и вот она: Нингаль.

Одно слово откашлявшее себя

и даже смерть покончит с собой

пронзенная взглядом таких круглых глаз.
Откуда знать мне как все будет. Что
знаю я о том что есть. Ее кровь
красна; ее имя живет.

ПЕРСЕФОНА, ВОСКРЕСНУВ

Как только стол разлюбил
себя вовсе, он может рухнуть
под весом газеты,

письма, или даже одной

единственной розы. Дождь, уже
падающий в запруду — его подругу
ведь он ей так нравится — вмешивается

от всей души в ее говор,
это теперь его говор. И совсем недалеко отсюда

шелк беспокойно шумит, начинает
порхать меж роз, хлещет уже
в слепой страсти вокруг безотчетно,
сияющий магнит безошибочно находит
свою жертву и врезает ей промеж глаз.

И каждый раз я должен тебя любить,
потому что ты настолько мне
чужда; почти столь же чужда

как собственная моя сердцевина, похожая
на взмах крыла длящийся еще
долго после того как память

о моем имени растворится.
Порой, только прислушаюсь к себе
и в нашем доме возникает тихий шум
и я не могу устоять перед соблазном

прокричать твое имя, я нахожу тебя
в своей голове, будто я не оттуда вышел
чтобы ласкать тебя, так тебя ласкать.

Беспокойное, неотвратимое

появление, в котором даже простой стул
выдает свое неутомимое отсутствие.

Разве не будет конца этой
длящейся ране сквозной,
присутствию отражающему все
кроме этого дрожащего здесь?

Или я сам отталкиваюсь от выдумок,
которые выявляют меня за горизонтом
у меня под ногами; и раз вдохнув

этих самопальных фантазий, почти вновь
настигнутый жутковатым посвистыванием
из воронки у меня в голове, просеянный
и очищенный, я прячусь обратно в идею,
испаряюсь, только вот ты прозрел.

Памяти Антонио де Кабесóна[a]

На своем плавучем острове
он слышит все что от него
казалось бы ускользает.

Случившееся со мной,
слышно все лучше,
благодаря этому, моему единственному, слепому.

Амерсфорт[b]; даже Зютфен[c]. Некоторым
из нас явилась шоколадная баядерка
как когда-то комета вскользь по нёбу.
Позволить себе упасть в сторону травы;
отмечать как теплеют скалы.

Вдоль тихих дорог крадется Филипп II
за своими мечтами: камень лежит там
где лежал всегда. Вечер за вечером
хотеть слышать как слепой о своей
утрате все то же колдует.

---

[a] Антонио де Кабесóн (ок. 1510 — 26.03.1566) — испанский композитор и органист, ослепший еще в детстве. С 1526 служил органистом при дворе Изабеллы Португальской. После ее смерти занимался музыкальным образованием принца Филиппа (короля Испании с 1556), на службе у которого и остался до конца жизни. Вместе с принцем неоднократно посещал Нидерланды.
[b] Нидерл. Amersfoort — город в Нидерландах, в провинции Утрехт.
[c] Нидерл. Zutphen — город в нидерландской провинции Гелдерланд.

Весна, как и должно. Персефона,

с несколько отсутствующим видом,
распахивает шелковый пеньюар, сцепляет
руки в замок на затылке, глубоко вдыхает,

задерживает дыхание и делает глубокий,
глубокий выдох. Теперь, привыкнув к свету,
она видит то что знала и раньше,
уже и не расстроенная тем что

должно произойти. Имбирного цвета

глаза ее, косы пепельные, а
шея пахнет тем что сейчас и никогда.
О, козленком прыгнуло вперед,
и вылизало молоко из ее ракушки.

Нежная похожая на лилию
да она и есть лилия проталкивается
через свою холодную землю вверх
и вот ее уже видно, с этого момента.

Именно потому так и должно быть,
что она, когда пришло время,

подманивает к себе горбатую серую
старуху, обделенную лаской, но
известную своим винного цвета морем
и тем что чувствует себя дома в ее холмах.

Ежегодно это медленное шествие,

припозднившаяся дикая спаржа; сувенир,
оставленный осьминогом; портрет, ее
письма; шесть куриц, два кота.
Или просто: тот же отказ, каждый день
повторяемый, позволить себя умереть.

Печаль, являющаяся
то одному, то другому,
не признает ни истока ни назначения.

Путник, стесняемый своим будущим,
может, дойдя наконец до источника,
вдруг так захотеть пить,
что он, только начав путь

в себе, уже страждет

конца этого одинокого здесь,
этих постоянно преломленных глаз, в которых
каждый раз видно как паук

сплетающий свой мир, как хозяин
метлой сметает все, стирает, и
как в конце концов оно, распахнув все окна и двери,
почти влечет за собой, выпевает себя в огонь.

Сам мир еще под забвением

никогда не прогибался, в нескольких
невнятных предложениях
сбежав из каменеющей книги.

Пойдя навстречу возможному не применяя
силу больше нечего выманить

у закрытого фронта вещей. Чтобы
привыкнуть к себе самому человек
замыкает рождение в смерти, превращает
воду в вино, пемзу в рыбу,
страсть в будру плющевидную.

Наконец река сворачивает лишь
в себя, ради того чтобы догнать
убегающего врага, ровно до тех пор

пока оттуда не появится источник.

Догнанный, перегнанный
и поставленный лицом к свету;
выброшенный, взятый обратно
и за светом, бессердечным,
отпущенный на свободу

только чтобы спасти себя ни ради чего,
или за тем же. Идя рысью,
не думая вообще ни о чем,

конь может перестать быть конем,

будто растворившись в идее, предложенной
и продуманной всеми этими конеобразными

из прошлого, просто так, и меня это нисколько
не трогает. Душевную боль можно
пересадить, пусть это очень по-детски,
в это вот стояние на одной ноге, ожидание,
пока меня сдует или пока я
сам не свалюсь набок.

О, милая Богиня, воскреси меня;

и увидишь как обстоят дела
с твоей кожей, когда твой любовник,
вор души твоей, подтверждает

что я должен любить тебя от первого
гольяна до распоследней рыси или льва;
что мне больше не спастись, ради тебя,
от испытаний и от строптивости,

из-за этих камней, так постепенно
не ставших предметом поклонения,
сперва как твой сосок, потом как искра —
в надежде слиться в одной химере: в любви,
просящий и просимый об одном только этом!

О милая Богиня, кто бы я ни был, пусть
буду, я рожден, не воскрешай меня,
я беру судьбу в свои руки.

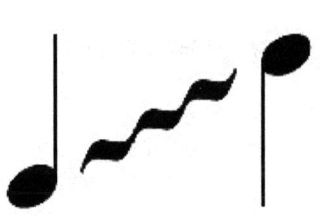

И это в порядке любви.

Зернистое письмо
из того что я видел:
солнце, соляные кристаллы, шипы —
в дуэли за тень твоего тела,

за эту горькую агаву, гибкую лозу;

рассвет,
средневековый меч, неподъемный;
и я, усталая бойцовая рыбка,

на крючке небесной глади
пока не упадет вечер
молодой мягкой кожи.
И ты —

Ах, быстрее обычного
мы пьянели,

ворочались, жевали камни.

СОДЕРЖАНИЕ

Анна Глазова. Стрела зависла в воздухе..7

Ряд для тонкой девочки I

«Разве нам не пора уходить?..» 13
«Расстояние. Что делает расстояние…» 14
«С какой стороны приближается?..» 15
«Уже конец? Нет. Почти…» 16
«Или нам нужно здесь остаться…» 17
«утром 3, вечером 4…» 18
«Старый дождь; новый дождь…» 19
«(Ты слышишь меня?)…» 20

Пристегнув ремни

«В ботфортах?..» 23
«Октябрь; конец месяца…» 24
«To ride a horse…» 25
«Не замечая; и уже красноглазо…» 26
«Надеть лыжные очки; капюшон…» 27

«Но к чему тешить себя…» 29

Личные формы глагола

«На скорбную память…» 33
«Спешка во время…» 34
«Она крикнула; она жива…» 35
«Или у кого-то есть пруд…» 36
«было мало воды в пруду…» 37
«Скорбная память; любовная игра…» 38
«Сказать себе что будет…» 39
«А разве им не предлагали?..» 40
«оно испаряется. Все нормально…» 41
«Это сегодня; они говорят…» 42
«(ах). Зачастую: такой слав-…» 43
«Ускользает из рук…» 44

«Горит? кровит?..» 45
«изрешечено. Та же ложь…» 46
«Нужно сказать что будет…» 47
«Быть способным забыть: чтобы…» 48
«Тот же чертополох, тот же якорь…» 49
«Спешка во время прощания…» 50
«Больше не было; или больше…» 51
«Стать как есть, когда настанет…». 52

Мыс Лавы

«Вид на мыс Лавы…» 55
«Думай то в чем уверен…» 56
«Напролом! вот они…» 57
«Пеликан на…» 58

«Люблю…» 60

Hommage á Hercules Seghers

«Стоя на скале…» 63
«Пока оно проплывало…» 64
«Положа руку на сердце…» 65
«Ничто не исчезает так быстро…» 66
«На службе колесу…» 67
«Когда приходит время…» 68
«Губы; крылья; идеи…» 69
«Такое дерево как лиственница…» 70
«Я сижу в своем круге…» 71
«Дым из трубы…» 72

«Сперва сообщение…» 74

Черепаха

«Из такого рода значений…» 77
«Третий звонок…» 78
«Вода, губы…» 79

«Черепаха…»..80
«Киприянка…»...81
«Горы на которые я смотрю…»...82
«Забыл вот я…»...83
«Каждый раз приближаясь…»...84

«Как женщина порой…»..86

Изгнание

«"Ты превращаешь меня в то чем я никогда не была"…».........89
«Лечь на левый бок…»..90
«И что тебя никогда не было…»..91
«И где она сейчас, ну…»...92
«Как только взглянет на себя…»...93
«В голове просветлело…»..94
«Она наклоняется…»...95

«Где тогда неподвижно…»..97

Sur Place

«Снег идет…»..101
«Вот мое наказанье…»..102
«Когда ничего нет…»..103
«Чистый как мрак…»...104
«Я существую, значит я лгу…»..105
«Места, куда уже не ступает…»...106
«Сперва…»...107
«Самая красивая из птиц…»...108
«Забвение не знает времени…»..109
«Река…»..110

Сеть

«Падок в свою же сеть…»..113
«Ах, обманули Гомера…»...114

«Рыба бьющаяся на крючке…» 115
«Фортуна переменчива: солнечное…» 116
«Та же сеть, вывешенная на просушку…» 117

«Ангел склоняется ниже и ниже…» 119

Пруд в озере

«Пруд лежит в середине озера…» 123
«Каштан ест с моей ладони…» 124
«В пальмовой косточке сидит рыба…» 125
«Исходя из того чего уже нет…» 126
«Вот я зарождаюсь снова и с давних времен…» 127
«режут так, что не останется…» 128
«когда печаль, как предусмотрено…» 129
«В один из тех ранних вечеров…» 130

«Стыдна ли кровь…» 132

Персефона, воскреснув

«Как только стол разлюбил…» 135
«И каждый раз я должен тебя любить…» 136
«Беспокойное, неотвратимое…» 137
«На своем плавучем острове…» 138
«Весна, как и должно. Персефона…» 139
«Нежная похожая на лилию…» 140
«Печаль, являющаяся…» 141
«Сам мир еще под забвением…» 142
«Догнанный, перегнанный…» 143
«О, милая Богиня, воскреси меня…» 144

«И это в порядке любви…» 146

www.ingramcontent.com/pod-product-compliance
Lightning Source LLC
Chambersburg PA
CBHW061658040426
42446CB00010B/1805